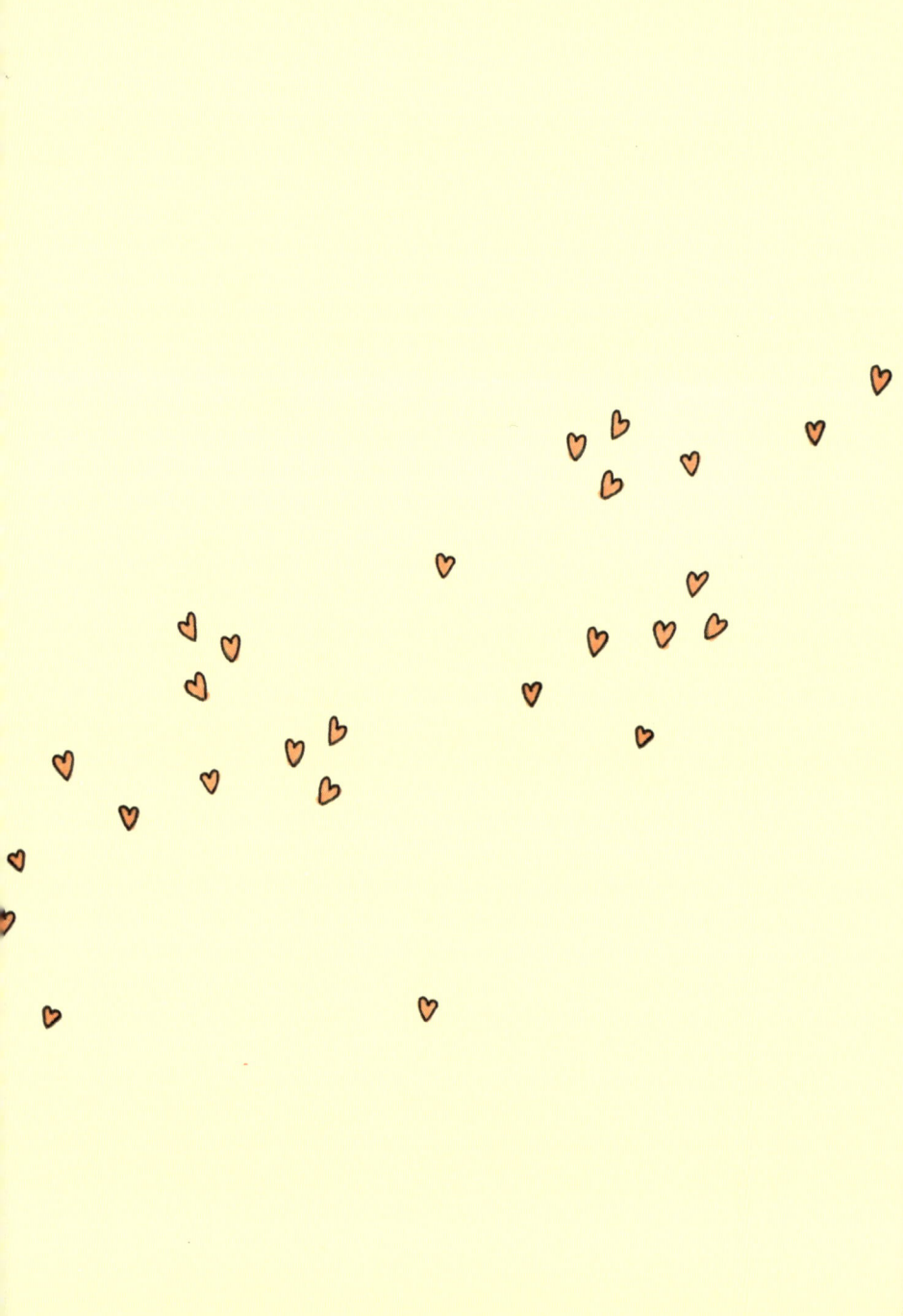

Kara Western

VIDA DE MÃE

UMA CELEBRAÇÃO DO AMOR
ENTRE MÃES E FILHOS

Benvirá

Copyright © Kara Western, 2018

Preparação Carla Bitelli
Revisão Vivian Miwa Matsushita
Diagramação Caio Cardoso
Ilustrações de capa e miolo Kara Western
Imagem de fundo da capa (aquarela) undefined/Thinkstock
Impressão e acabamento Geográfica

Dados Internacionais de Catalogação na Publicação (CIP)
Angélica Ilacqua CRB-8/7057

Western, Kara
  Vida de mãe / [texto e ilustrações de] Kara Western.
– São Paulo : Benvirá, 2018.
  72 p. : il, color.

  ISBN 978-85-5717-218-0

  1. Mães - Obras ilustradas 2. Mães e filhos - Obras ilustradas I. Título

	CDD 741.5
18-0133	CDU 741.5

Índices para catálogo sistemático:
1. Obras ilustradas - Mães - Mães e filhos

1ª edição, março de 2018

Nenhuma parte desta publicação poderá ser reproduzida por qualquer meio ou forma sem a prévia autorização da Saraiva Educação. A violação dos direitos autorais é crime estabelecido na lei nº 9.610/98 e punido pelo artigo 184 do Código Penal.

Todos os direitos reservados à Benvirá, um selo da Saraiva Educação, parte do grupo Somos Educação.
Av. das Nações Unidas, 7221, 1º Andar, Setor B
Pinheiros – São Paulo – SP – CEP: 05425-902

SAC | 0800-0117875
De 2ª a 6ª, das 8h às 18h
www.editorasaraiva.com.br/contato

EDITAR 623770   CL 670780   CAE 625443

Para meu companheiro, Ronan, e nosso filho, James. Sem vocês este livro não teria existido.

Todo dia, cedinho, a gente se aconchega no sofá e eu amamento antes de o dia começar...

É pura magia.

Nossa última consulta com a pediatra foi mais ou menos assim. (Na verdade, todas as nossas consultas são mais ou menos assim...)

Uma de minhas primeiras tarefas do dia é passar o aspirador. Chato, né? Mas, para meu filho, isso é a coisa mais legal que existe! Só não entendo por que ele odeia tanto o secador de cabelo...

Dormindo tranquilamente
com o bebê quando,
de repente... TUM!
Alguma coisa me acorda.

dia de
LAVAR ROUPA

Também conhecido como "todos os dias".

Quando seu filho está com dificuldade para dormir por causa dos dentinhos nascendo, e você não consegue sair de perto dele...

Meu parceiro de banho!

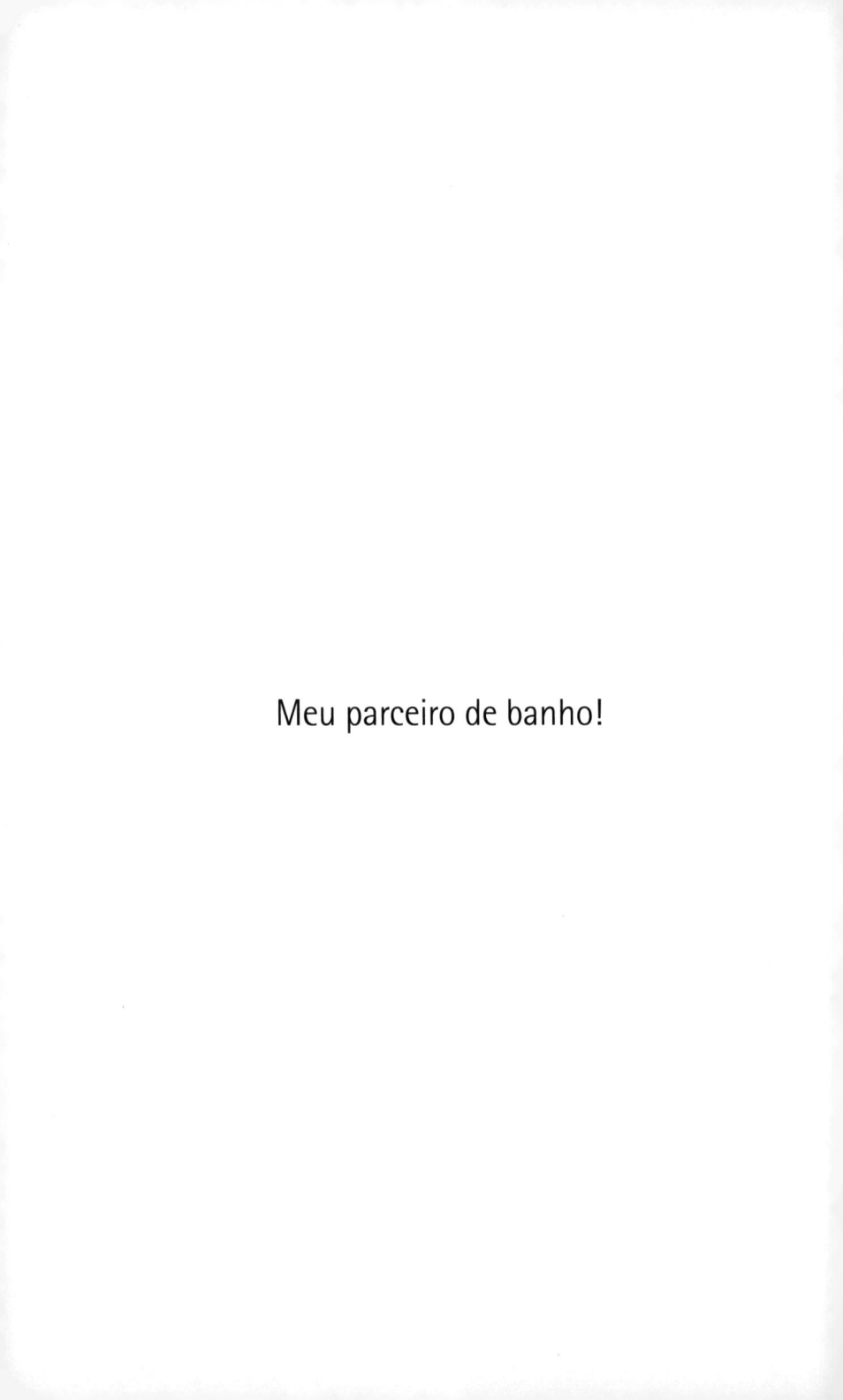

Se seu filho acaba indo para sua cama, domina todo o espaço.

Meu
filho
não
me
larga.

Todas as portas de casa têm que ficar abertas (inclusive a do banheiro), para que ele fique sempre de olho em mim.

Dias chuvosos – e criança dentro de casa.

Como é difícil entreter os pequenos em dias assim.

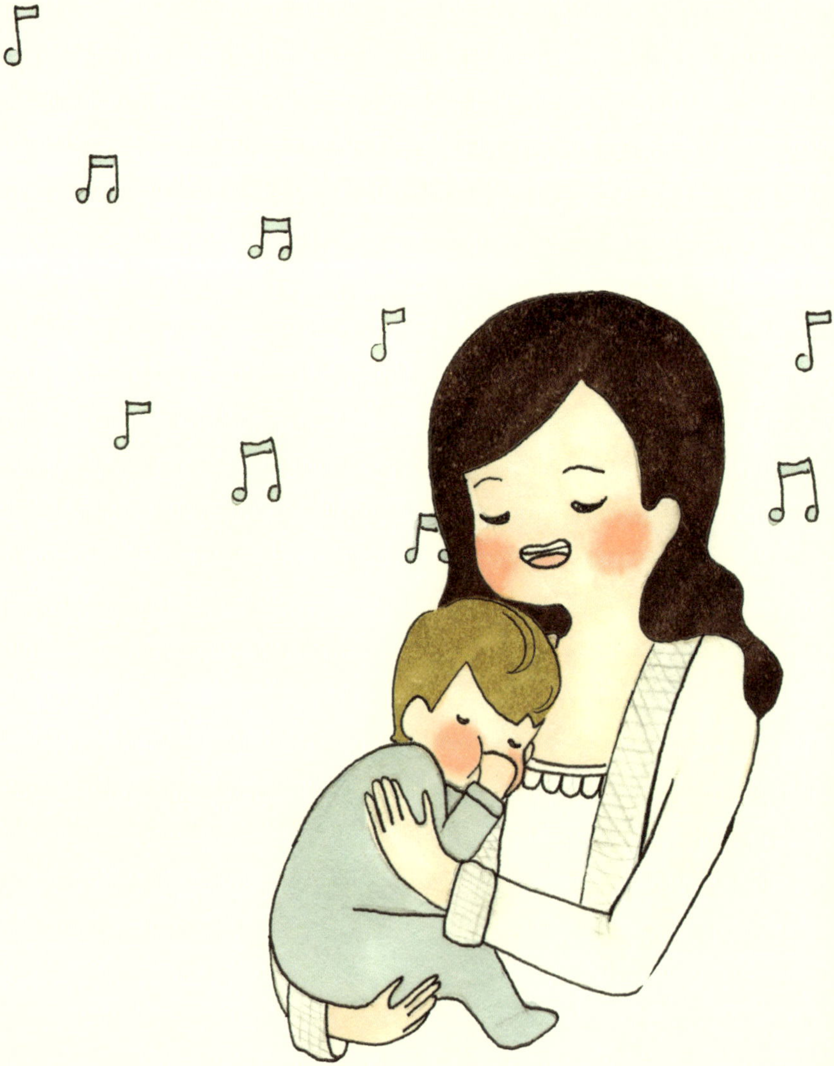

Minha mãe sempre cantou para mim quando eu era criança, e eu sempre tive vontade de cantar para meu filho quando eu fosse mãe.

Muitas mães blogueiras postam vídeos fazendo ioga com seus bebês... mas não sei como elas conseguem!

Meu filho está sempre cutucando minha perna e se recusa a sair do centro do *mat*.

Sempre que eu olho para baixo...

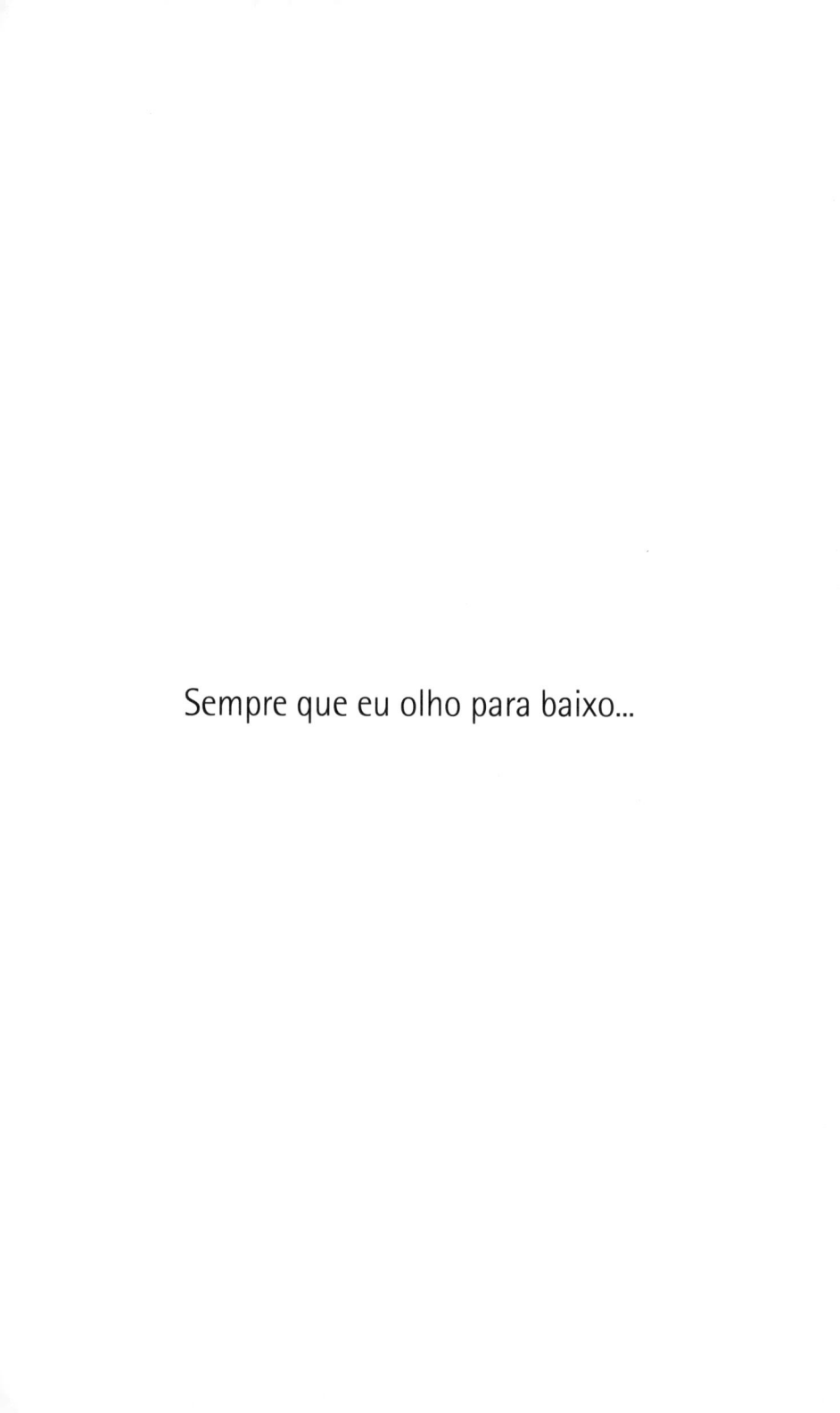

Neste mês, meu filho descobriu
mais uma lei da física.

Estamos brincando, superfelizes, quando, de repente...

Por que eles gostam tanto de puxar nosso cabelo?

Às vezes, a gente fica um tempão vidrada no celular, distraída com coisas bobas. Quando estou assim, meu filho sempre chega perto de mim e me chama para brincar.

Há tanta coisa interessante pra fazer quando a gente não está grudada na internet!

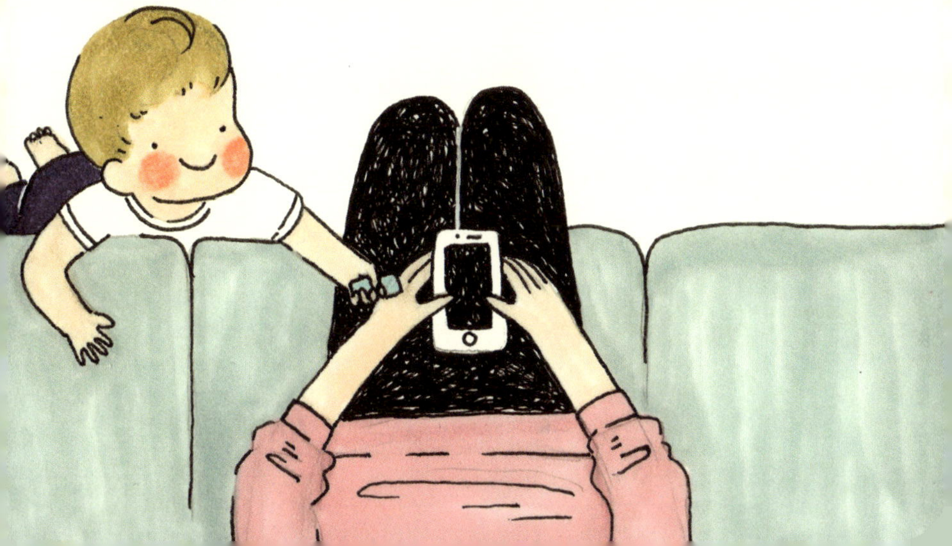

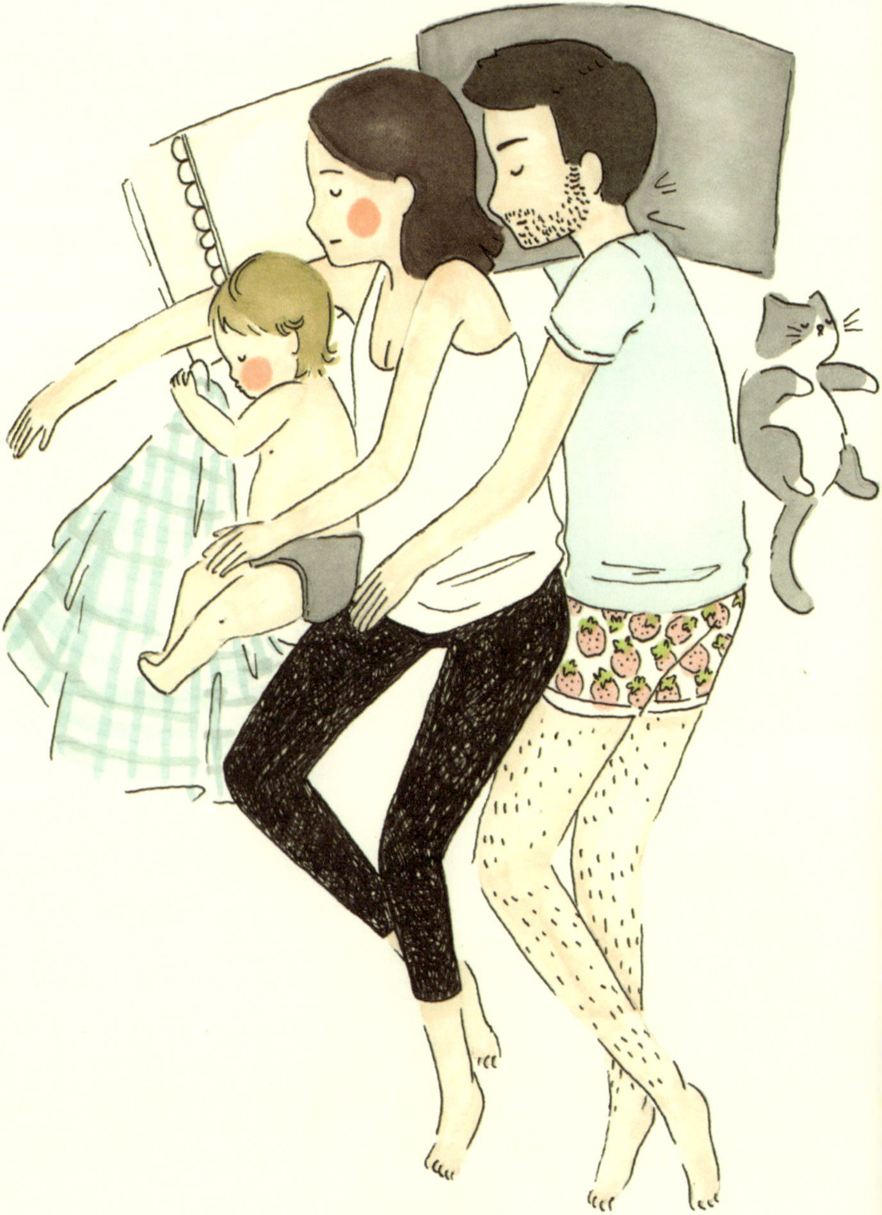

Chegou o fim de semana!!!
Hora de dormir muito!

Mentira, meu filho não
consegue sossegar por mais
de cinco segundos quando
estamos todos juntos na cama.

Recém-nascidos são tão pequeninos, enroladinhos no nosso colo...

ANTES

E aí, um ano depois, eles ficam tão compridos e grandes... Mesmo assim, ainda cabem perfeitamente nos nossos braços.

Meu bebezinho, para sempre.

AGORA

Assistindo a *Game of Thrones* em casa com o filhote.

Ele só tem 1 ano, duvido que entenda o que o dragão está fazendo, certo?

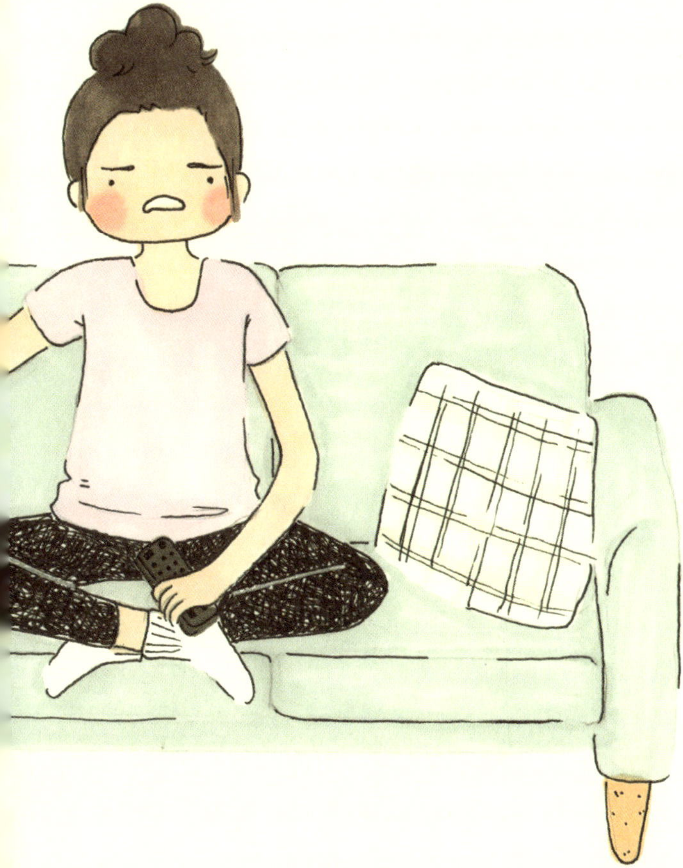

Sempre "ajudando".

VIAJANDO DE AVIÃO COM UM BEBÊ

— SOCORRO!

O QUE FAZER

- MIMAR O BEBÊ COM AMOR, BRINQUEDOS E COMIDA
- MANTER A CALMA E DEIXAR O BEBÊ BRINCAR NO TABLET
- ESCOLHER UM ASSENTO NO CORREDOR
- ANTES DE EMBARCAR, PERGUNTAR SOBRE FILEIRAS VAZIAS (COM UM SORRISO ☺)

O QUE NÃO FAZER

- DESPACHAR O CARRINHO JUNTO COM A BAGAGEM
- LEVAR 1001 BRINQUEDOS OU LIVROS (VIAJE LEVE)
- LEVAR UM LIVRO PARA VOCÊ (VOCÊ NÃO TERÁ TEMPO/ESPAÇO)
- FAZER COISAS ABSURDAS PARA DEIXAR O BEBÊ FELIZ (MANTENHA OS LIMITES)

BOLSA

- FRALDAS E LENÇOS UMEDECIDOS
- UM BRINQUEDO LEGAL E NOVO
- LANCHE E ÁGUA
- PASSAPORTES E PASSAGENS (DÃ...)

Brincando de colorir com uma criança de 1 ano e meio.

"Pelo amor de Deus, não encoste essa canetinha em mim!"

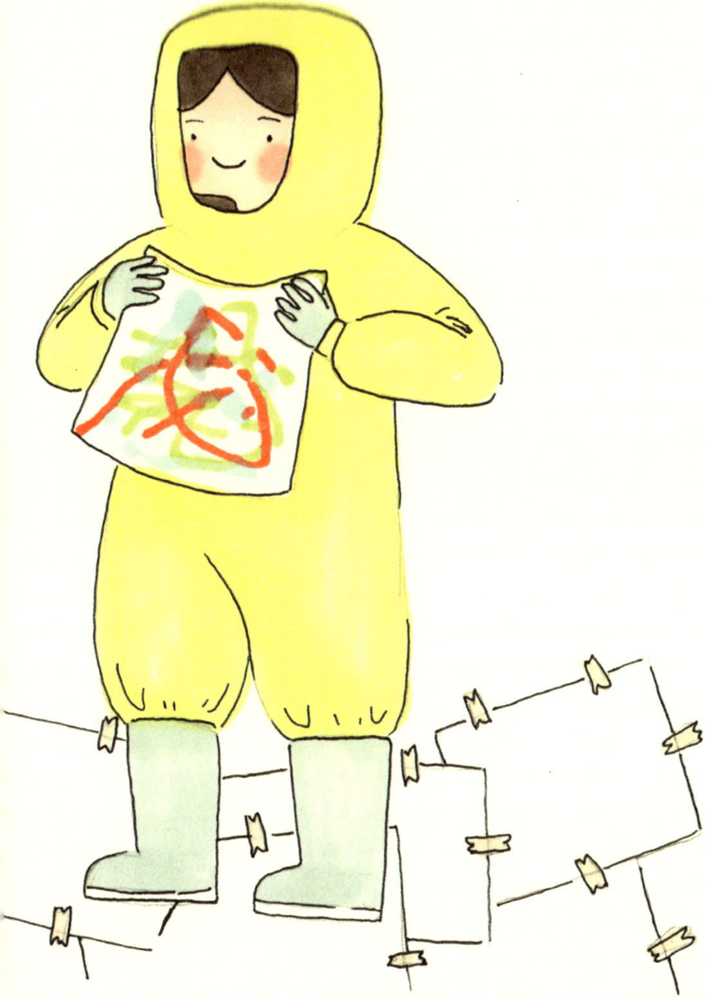

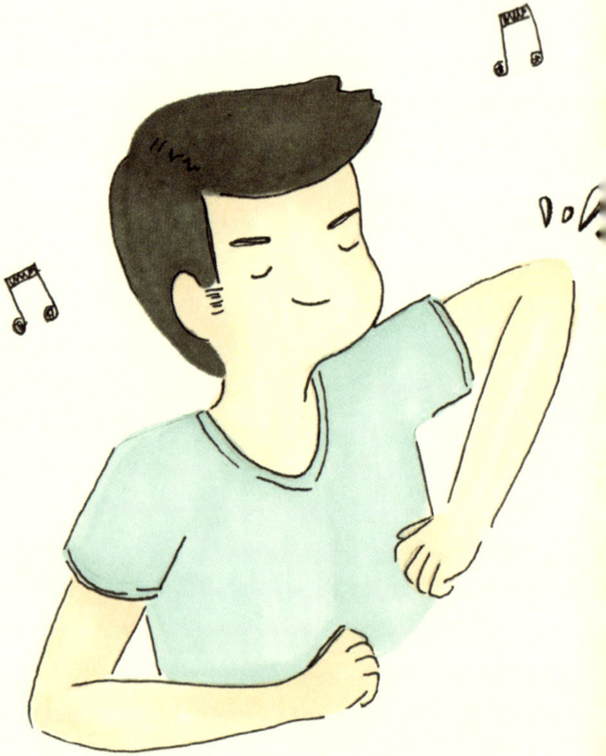

FESTINHA EM FAMÍLIA

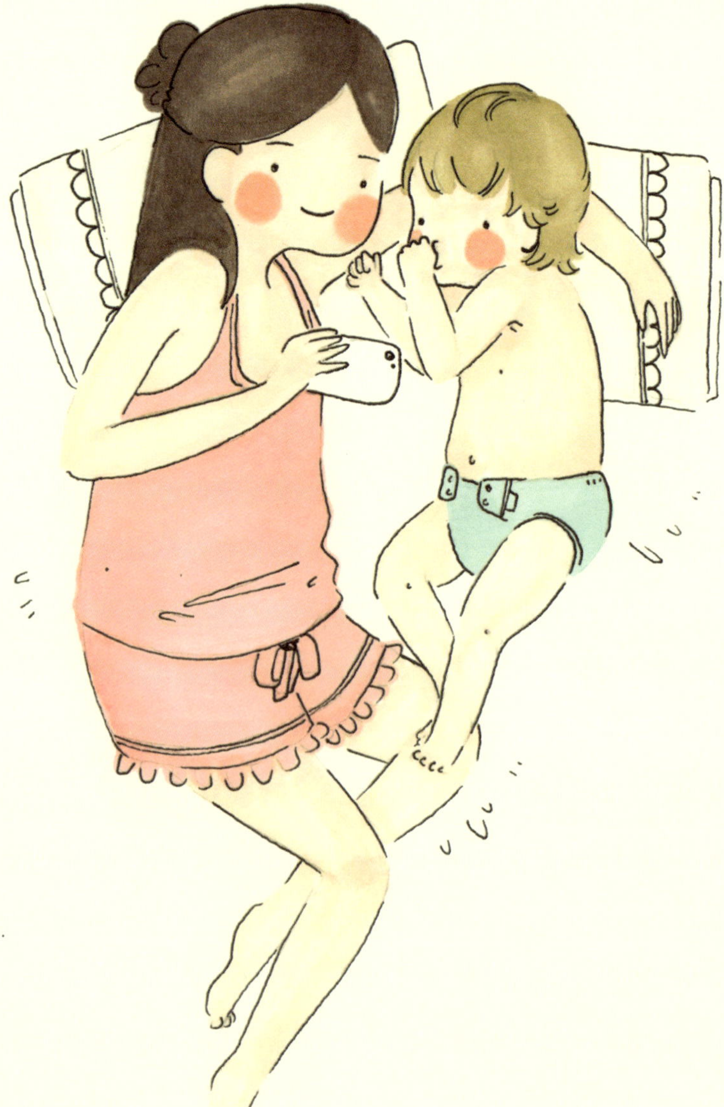

Manhãs preguiçosas na cama assistindo juntos a vídeos no YouTube.

Tomei coragem e cortei pela
primeira vez o cabelo do meu filho –
e consegui deixar as orelhas intactas.

Dei a ele um item proibido para
distrair sua atenção (neste caso,
o controle remoto...).

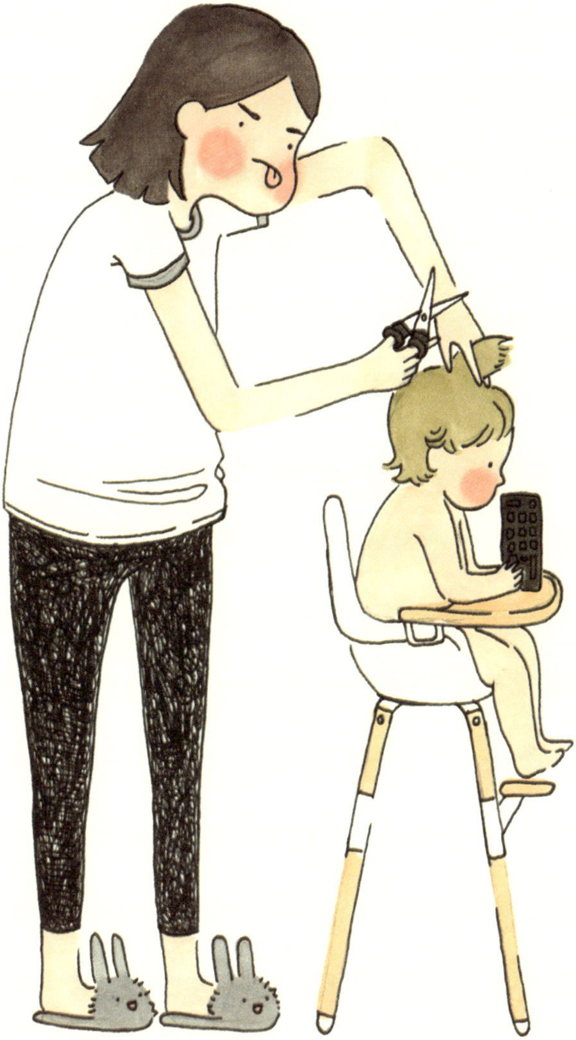

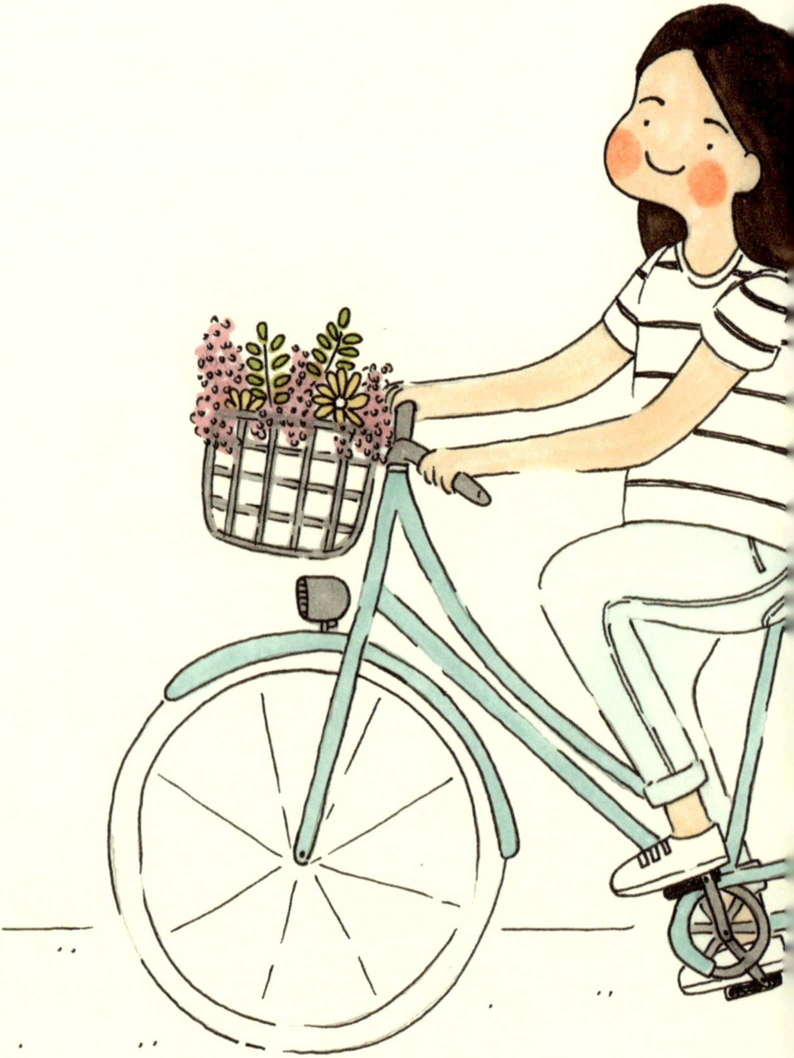

Um lindo domingo de sol! É hora de sair para dar uma volta com o pequeno e sentir o vento no rosto.

UAU!
EU FIZ ISSO

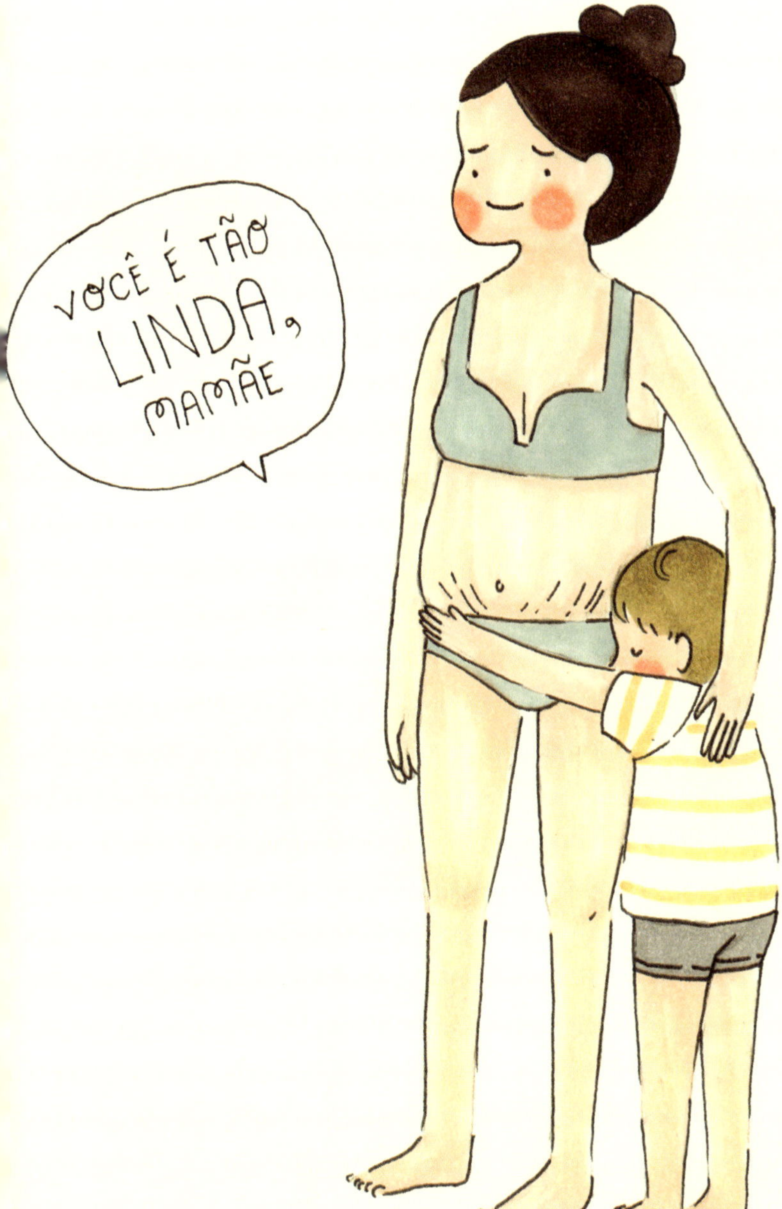
VOCÊ É TÃO
LINDA,
MAMÃE

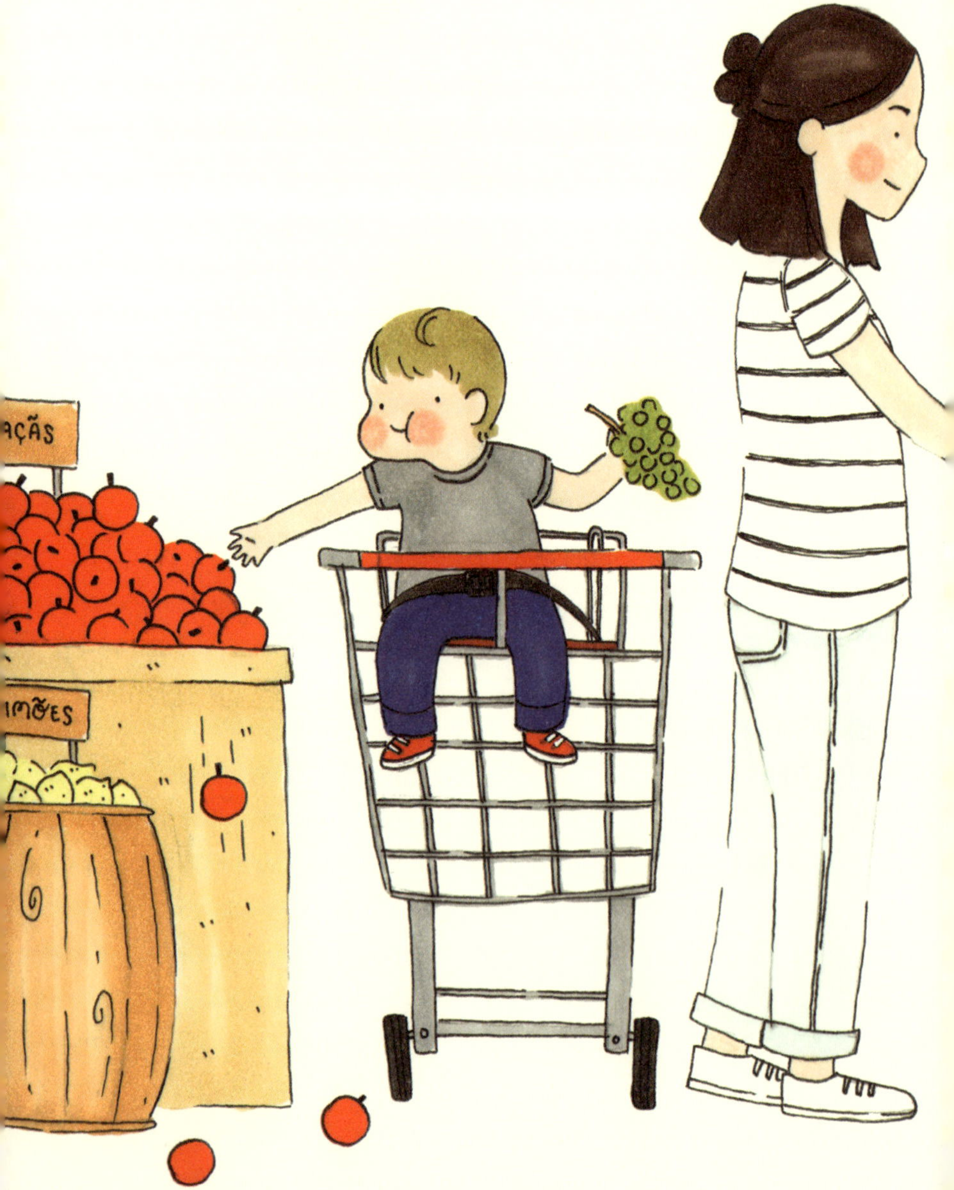
AÇÃS
IMÕES

Fazer compras no supermercado se tornou uma nova arte. Você precisa manobrar o carrinho perfeitamente, sem chegar muito perto dos produtos – ou seu filho vai pegar tudo e jogar no chão – nem ficar tão longe deles a ponto de bloquear o caminho dos outros clientes.

Ah, os adesivos! Todo tipo de superfície vira parte da brincadeira.

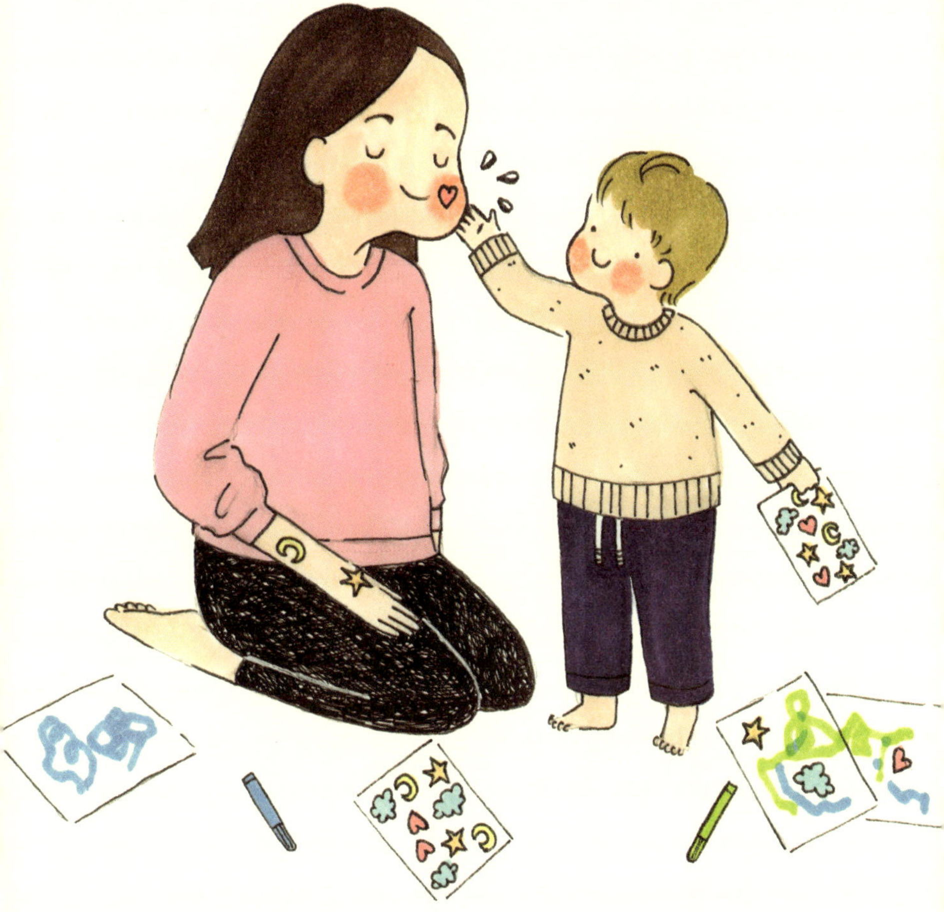

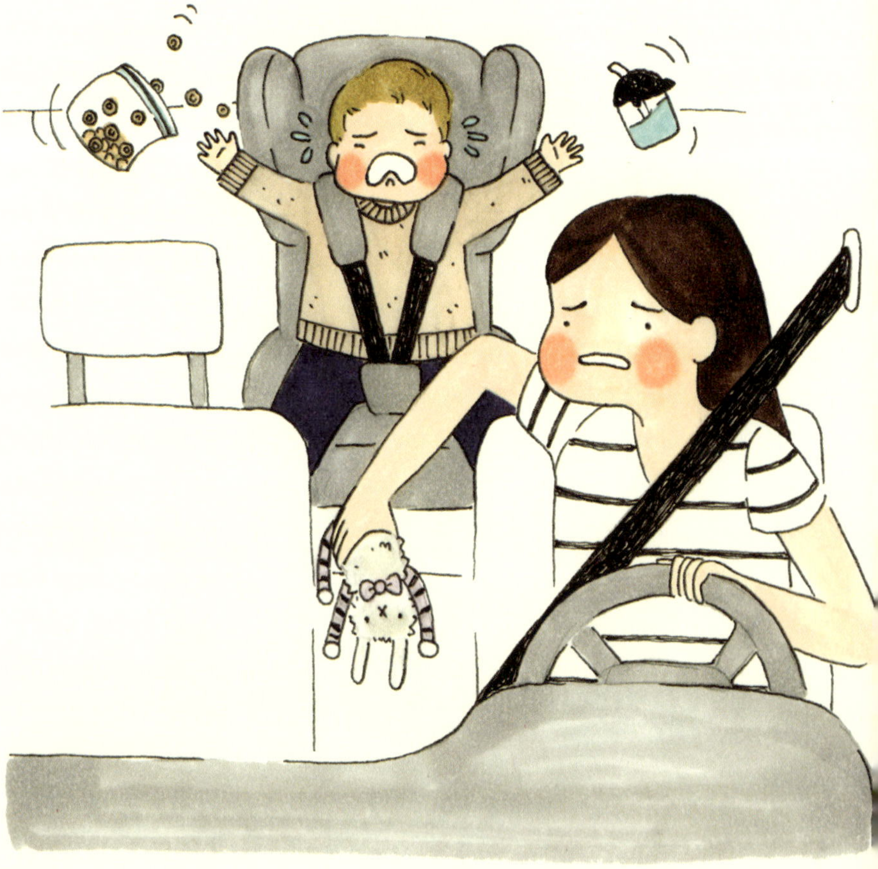

Pouca coisa é mais estressante do que uma criança chorando no carro. É como se ela estivesse trancada numa solitária enquanto você, a cada farol vermelho, tentasse desesperadamente convencê-la de que está tudo bem.

Nessas horas, respiro fundo e repito meu mantra: "vai passar, vai passar".

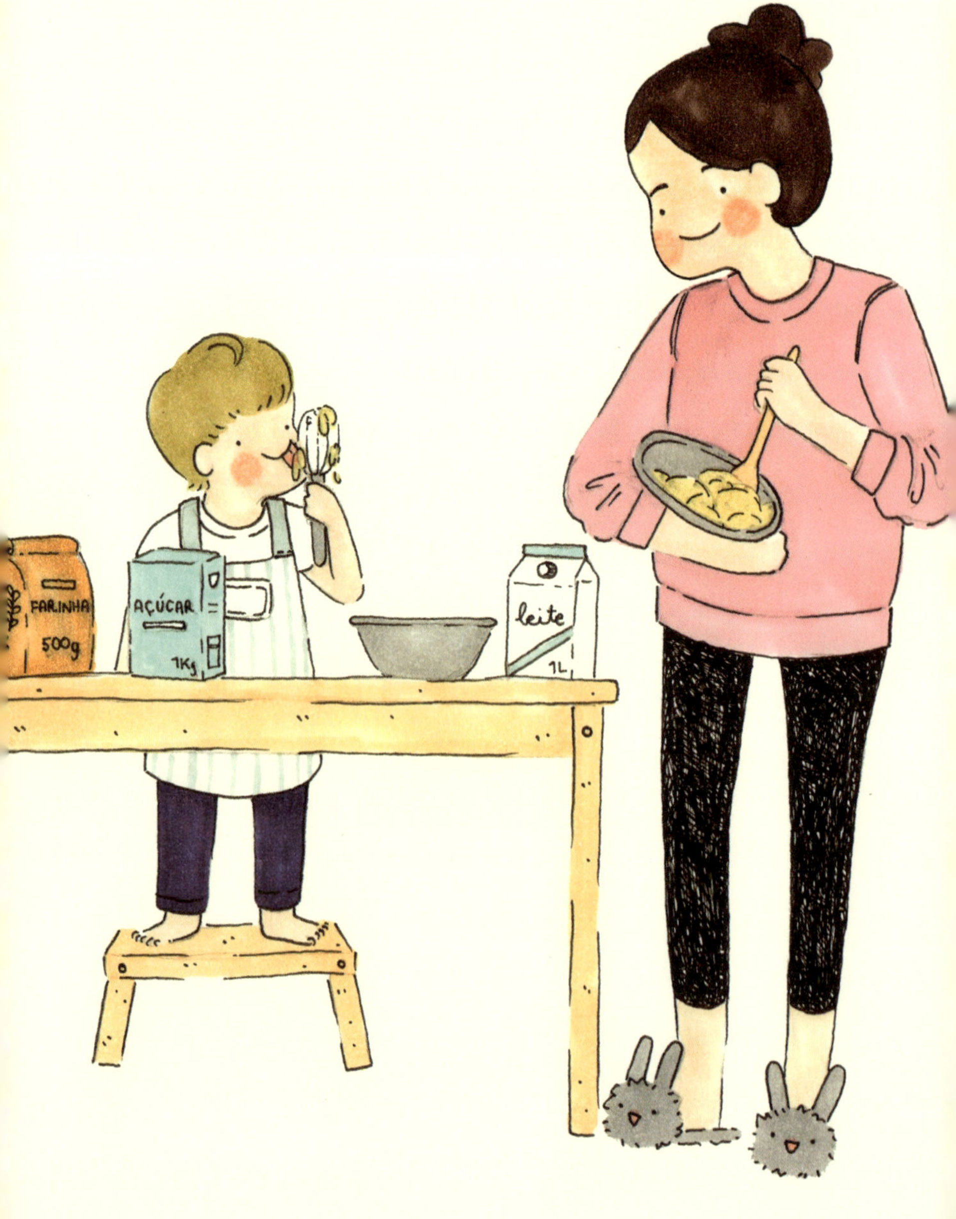
FARINHA
500g
AÇÚCAR
1Kg
leite
1L

Meu filho não é o melhor assistente de cozinha, mas ele sabe muito bem como ajudar na limpeza.

Achei que ele fosse se agarrar
a mim e implorar para eu não
ir embora, mas ele estava tão
empolgado que mal falou tchau...

PRIMEIRO DIA DE AULA

CONHEÇA-A-ARTISTA

PROFISSÃO
- MÃE (EM TEMPO INTEGRAL)
- ILUSTRADORA (DURANTE AS SONECAS)

ATIVIDADES
- PREPARAR LANCHES INFANTIS
- LAVAR ROUPA/LOUÇA E PASSAR ASPIRADOR DE PÓ
- FAZER IOGA COM CRIANÇA PENDURADA NAS COSTAS
- BEBER CHÁ OU ÁGUA (ÀS VEZES AMBOS)

FERRAMENTAS DE TRABALHO
- CADERNO
- LÁPIS E BORRACHA
- MARCADORES
- BRILHO LABIAL
- LEITE (PARA A CRIANÇA)

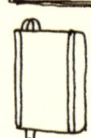

UNIFORME DE MÃE

PANTUFAS O DIA TODO

CRIANÇA DE DOIS ANOS SEMPRE PERTO (SEMPRE)

Eu te amo, mãe

Colorido por: _____

Para: _____

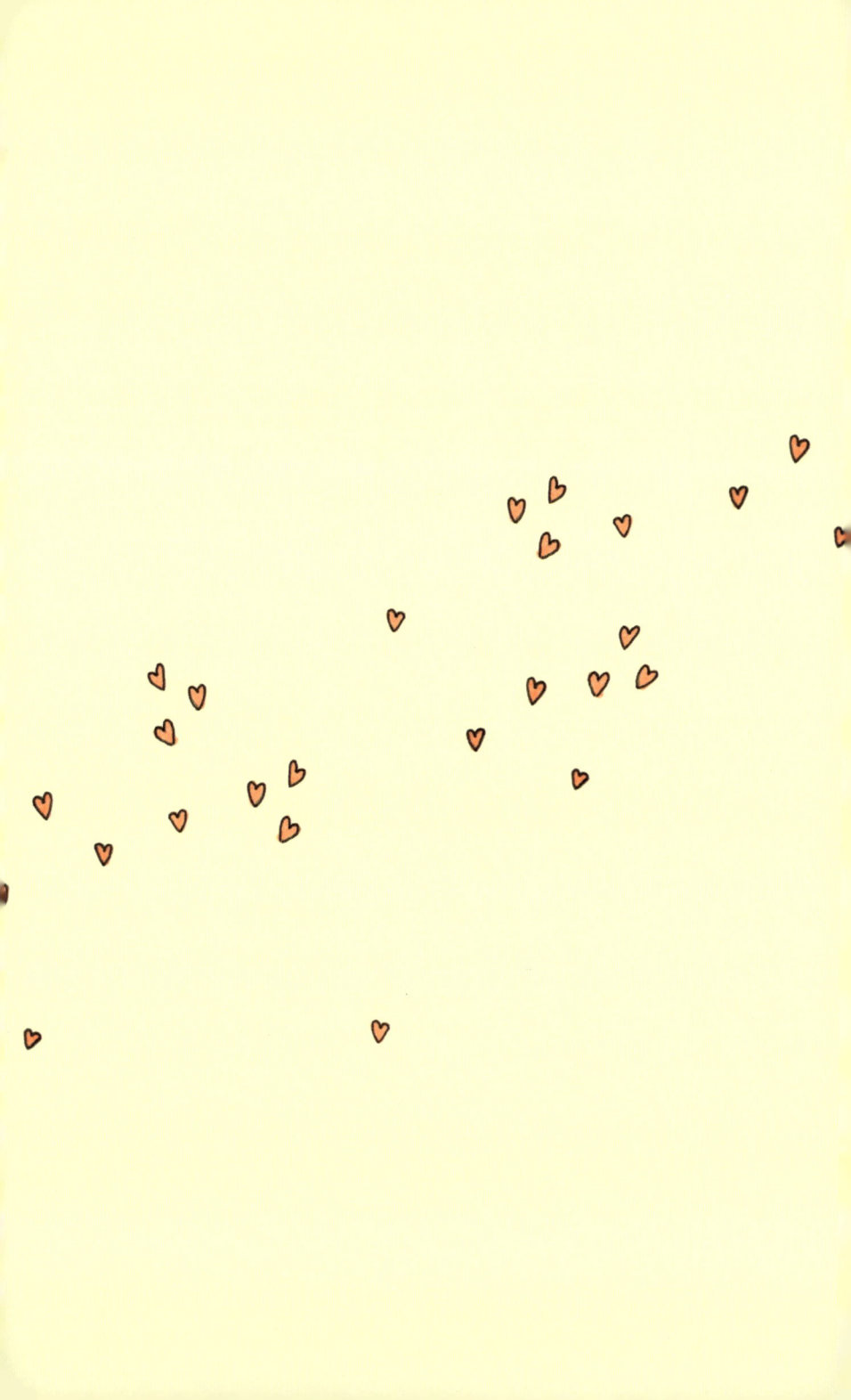